LA NIÑA QUE SIEMPRE DICE

SÍ

Beatriz Ontiveros Llamas

María Fernández Álvarez

Primera edición: abril 2024

Depósito legal: AL 814-2024

ISBN: 978-84-1097-341-1

Impresión y encuadernación: Editorial Círculo Rojo

© Del texto: Beatriz Ontiveros Llamas y María Fernández Álvarez
© De las ilustraciones: Ana Tejedor
© Maquetación y diseño: Equipo de Editorial Círculo Rojo

Editorial Círculo Rojo
www.editorialcirculorojo.com
info@editorialcirculorojo.com

Impreso en España — Printed in Spain

¡Un nuevo día ha comenzado!

Sofía está lista para ir al cole. Está pensando en todas las cosas divertidas que va a hacer con sus amigos.

Ya se ha vestido, se ha peinado y ha tomado el desayuno.

De camino al colegio, en el autobús, su amiga Ana le pregunta si puede sentarse a su lado. Sofía quería sentarse con Emma y piensa en decirle que no, pero algo extraño sucede en su boca y responde con un ¡SÍ!

Un poco después, al llegar Emma se pone un poco triste....

Estando Sofía en el cole, Luca le ofrece granadilla. A ella no le apetece nada porque no le gusta su color, así que piensa en decirle que no, pero algo extraño sucede en su boca y responde con un ¡SÍ!

Al probarla, siente como si se estuviera comiendo unos asquerosos mocos... Luca, le pregunta: «¿Te ha gustado?». Sofía tiene cara de asco y piensa en decirle que no, pero algo extraño sucede en su boca y responde con un ¡SÍ! Y Luca le ofrece más.

Cuando están en el patio, Sofía está jugando al escondite Pedro le dice a Sofía que debe esconderse en el baño, lo cual en realidad no era tan buena idea, pues los chicos quieren privacidad. Sofía no quiere hacerlo, piensa en decirle que no, pero algo extraño sucede en su boca y responde con un ¡SÍ! Entra al baño y todos los niños gritan.

Cuando Sofía sale del cole, le enseña sus pegatinas a Emma y le regala unas cuantas. En ese momento se acercan varios compañeros de su clase y a coro dicen: «¿Nos regalas a nosotros también?». A Sofía le quedan pocas pegatinas y no tiene para compartirlas con todos, así que piensa en decirles que no, pero algo extraño sucede en su boca y responde con un ¡SÍ!

Sofía siente un lío en su cabeza y está muy desganada por todas las veces en el día que quería decir que no y que algo extraño le ha sucedido en su boca y ha respondido con un ¡SÍ!

Cuando llega a casa, su madre la observa y le pregunta:

—¿Qué ha pasado?, te veo triste

Sofía se queda callada y, después de un rato, suelta un llanto.

—No sé qué pasa que cuando quiero decir que no, algo extraño sucede en mi boca y respondo con un ¡SÍ!

Su madre la abraza muy fuerte y le dice

—¿Por qué crees que no te sientes bien si les dijiste que sí a todos tus amigos? ¡Eso es algo bonito!

—Tienes razón, mamá, pero todo terminó mal.

No pude darle el sitio en el autobús a mi amiga Emma como habíamos quedado...

Comí algo que me supo asqueroso.

Terminé por esconderme en un sitio que no debía cuando jugaba al pillapilla.

Y ahora no tengo ninguna de las pegatinas que me regalaste ¡No supe decir no! Me estoy dando cuenta de que debí haber sido más clara y saber que puedo decir No.

—Tienes razón, Sofía, porque, además, así estás decidiendo lo que tú realmente quieres hacer. Y eso no quiere decir que no vas a tomar en cuenta a los demás, pero de esta forma te vas a sentir mejor.

—¡Tengo una idea que me ayudaría mamá! ¿Lo quieres hacer conmigo? Vamos juntas a gritar ¡NOOOOOOOOOOOO!

—¡Claro que sí, Sofía! ¡Encantada! Vamos ¡NOOOOOOOOO!

—¡Gracias, mamá! Ya estoy lista para mañana decir sí solo cuando realmente lo quiera, y no cuando así haga falta, y no pasa nada. Mis amigos lo van a entender. Si es que son buenos amigos.

Al día siguiente, en el autobús, su amiga Ana le pregunta si puede sentarse a su lado, Sofía le dice:

—Ana, hoy no porque he quedado con Emma, ¿te parece si por la tarde nos sentamos juntas?

—¡Claro! —responde Ana sonriendo.

Cuando Luca le ofrece granadilla, Sofía responde:

—¡Gracias, Luca! Pero la verdad es que no me gusta nada. ¿Tú quieres una de mis fresas? —Y se quedan juntos hablando y jugando.

1, 2, 3, ...

En el patio, Sofía quiere jugar al pillapilla. Llegan sus compañeros a preguntarle si quiere jugar al escondite y, aunque ella quisiera jugar al pillapilla, les dice que sí y se divierte mucho con ellos.

Cuando están en la clase de arte, Sofía tiene un pequeño frasco con purpurina de muchos colores que utilizará para su dibujo. Sus compañeros de mesa dicen:

—¿Compartes con nosotros?

Sofía se siente un poco nerviosa, pero logra contestarles:

—Por favor no se lleven el frasco, si lo dejamos en el centro, todos lo podemos compartir. —Todos siguen pintando y entienden la respuesta de Sofía.

Cuando llega a casa, Sofía entra corriendo y gritando:

—¡Mamá, mamá! Hoy fue un gran día y pude decir no y sí a mis amigos.

—¡Me alegro mucho por ti, Sofía!

—¡Debes sentirte muy orgullosa de ti misma! ¡Lo hiciste genial!

Para todos los niños y niñas: recuerda
que ser amable, comprensivo, empático y
respetuoso es perfectamente compatible
con saber decir que no...